Tengo muchos lugares especiales
donde juego yo.

Me gusta jugar en los columpios del parque.

Me gusta jugar a las escondidas en el jardín.

Me gusta jugar a las canicas en el callejón.

Me gusta jugar a la pelota
en el lote vacío.

Me gusta jugar a los monitos en el balcón.

Me gusta jugar a la casita
en el sótano.

Pero lo que más me gusta
es jugar a la escuelita
en mi salón.